アルケミスト双書　タロットの美術史〈10〉

月・太陽

鏡 リュウジ

✳

The Moon & The Sun

Ryuji Kagami

はじめに

「ルミナリーズ」（輝くもの）、あるいは「ライツ」（光）といえば
占星術の専門用語では月と太陽を指す。
漢字の「明」は、まさに太陽と月の2つのパーツからなる文字だ。
月と太陽は、明るく輝く光の代表なのだ。
月と太陽がなければ、地上の生命は、そして人類はどのようにして
光を知り、そして意識を持つことができただろうか。
月と太陽はともに光である。
しかし、この2つの光のいかに対照的なことだろう。
太陽の光はまばゆく、影をくっきりと落とす。
その光の下では事物の輪郭がはっきりと浮かび上がり、
自他の境界は鮮明になる。太陽の動きは規則正しく、秩序立っていて、
すべてを「明確」（明らかで確か）にしていく。
一方で、月の光はたおやかでやわらかく、ときにしっとりとさえしている。
月の光はくっきりとした影を作らず、地と図は互いに浸透しあう。
月の動きにも確かに規則性はあるが、
その大きさ、色、かたちは刻一刻と変わり、気まぐれに見える。
光が異なれば見えるものも異なってくる。
明晰な覚醒と薄闇の夢の意識の下では、
世界は違った相貌を浮かび上がらせる。
「月」と「太陽」は、僕たちが見る2つの世界のモードなのだ。

鏡 リュウジ

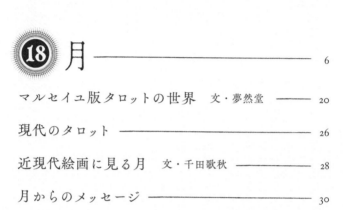

エドワード・バーン＝ジョーンズ 《ルナ》
1872-75 頃　個人蔵

ウェイト＝スミス版〈月〉
Waite-Smith Tarot
1910　イギリス／ロンドン　夢然堂蔵

夜空の月に向かって吠える犬（あるいは狼）と
沼地から這い出るザリガニ。今では定着した
構図だが、初期の「月」にはギリシャ・ローマ神話
の月の女神や占星術師が描かれていた。時代が下る
につれて謎が深まる「月」の図像をたどる。

18

月 / The Moon

図像の由来も不確かな、
ミステリーに満ちた夜の表象

大きく輝く月の下、不気味な沼地の中からザリガニが這い出してくる。妖しげな月光に反応してか、犬あるいは狼が遠吠えをしている。塔のある都市ははるかかなた、ここは文明の光が届かない危険に満ちた魔性の場……。

典型的なタロットの「月」札の描写である。これは大アルカナと呼ばれる22枚の寓意画の中でも最も謎めいた構図のひとつだと言えるだろう。

「正義」にせよ「運命の輪」にせよ、タロットの切札の多くは古代からルネサンス期までの、西欧における典型的な寓意像をその下敷きにしている。タロット固有の構図というのはほとんどない。だが、冒頭に挙げたような「月」の構図は例外である。ザリガニは占星術で月が支配する蟹座のシンボルであるし、月の女神にして狩人であるアルテミスにつき従うのは犬なので、個々のモチーフは理解できる。しかし、それらがいかにしてこのよ

うな配置をとるようになったのか、となるとその範型がなかなか見出せないのである。

草創期のタロットは、この構図とは全く異なる。三日月と、アルテミスの象徴である弓を持った女性が、あるいは月を観測し、時間を測る天文学者ないし占星術師が描かれているのである。しかし、あるときからこの印象的な構図が生まれ、17世紀、18世紀を通じて現代まで定着した図柄となる。初期の図像と現代につながる構図とを結ぶミッシングリンクを見つけることはいまだ叶わない。

そのミステリー自体が、「月」札の意味する不可解さや謎、曖昧さを象徴しているかのようだ。

この世界、人生には明確にならないものもある。昏きものは昏いままに秘しておいてこそ生まれる価値もあろう。月光を味わえるのは、昏き夜だけなのだということを僕たちは忘れてはならない。

ヴィスコンティ・スフォルザ版
〈月〉

Visconti-Sforza Tarot
1480–1500頃　イタリア／ミラノ　個人蔵

現存する最古のタロット・パック
のひとつから「月」。崖の上に立つ
女性が三日月と弓を持つ。弓はギ
リシャ神話の月の女神にして森の
狩人の乙女、アルテミスの持物と
して知られている。

ローゼンワルド・シート
〈月〉

Rosenwald Playing Cards
15世紀　イタリア
ナショナル・ギャラリー蔵（ワシントン）

顔のある月だけがシンプルに描か
れた初期のデザインのタロット。3
つの大きさの異なる円を重ねて描
かれた「月」は、繰り返される満
ち欠けを表しているようだ。

エステ家のタロット〈月〉

Este Tarot
1450頃　イタリア
イェール大学図書館蔵（ニューヘイブン）

「月」の下で天文学者と思われる人物がコン
パスと天文機器を使って星の運行を計測し
ている。そこにはまた天球儀も見られる。か
つて天文学者は占星術師でもあった。

シャルル6世のタロット
〈月〉

Charles VI Tarot
1475–1500頃　イタリア
フランス国立図書館蔵（パリ）

誤ってシャルル6世の時代の
タロットと称されたが、実際
は15世紀の作。2人の天文学
者が「月」の運行を観測して
いる。彼らが手にする書には
当時の宇宙像が描かれている。

名画に見る〈月〉

ギュスターヴ・モロー
《ユピテルとセメレ》
1895　油彩／カンヴァス　212×118cm
ギュスターヴ・モロー美術館蔵 (パリ)

ギリシャ神話の主神ユピテルの
栄光を幻想的に視覚化した本作
の下部には、天使や精霊、スフィ
ンクスなどに紛れてギリシャ神
話の月の女神のひとりであるヘ
カテーの姿が見える。同じく月
を司るセレネ、アルテミスと同
一視された彼女は魔術を操る
「冥界の女王」ともいわれ、天界
と地界をつなぐ存在とされる。

タロッキ・フィーネ・ダッラ・トッレ
〈月〉

Tarocchi Fine dalla Torre
17世紀　イタリア／ボローニャ
フランス国立図書館蔵（パリ）

こちらも2人の天文学者ないし占星
術師が「月」を観測している様子を
描く古典的なデザイン。17世紀は天
文学と占星術が次第に分化していく時
代であったことを考えると興味深い。

作者不明のパリジャンのタロット
〈月〉

Tarot Anonyme de Paris
1600-50頃　フランス／パリ
フランス国立図書館蔵（パリ）

月光の下、塔の上に住む女性に向かってハー
プを奏でる男性が描かれる、タロットの「月」
としてはユニークなデザイン。月の輝く夜
に、人は恋に落ちるのだろう。

DI CESARE RIPA. 225

INCOSTANZA.

DONNA che paſſi co' piedi ſopra vn Granchio grande, fatto come quello, che ſi dipinge nel Zodiaco; ſia veſtita di color torchino, & in mano tenga la luna.

チェーザレ・リーパ著
『イコノロジーア』
(1603／ローマ版　鏡リュウジ蔵)より《変節》

ルネサンス時代の寓意画の事典より「変節」。月を支
配星とする占星術上の蟹座を踏みしめ、三日月を手
にしたこの女性が「変節」を表象するのは、欠けて
は満ちる月が心変わり、移ろいやすさの象徴だからだ。

ジャック・ヴィエヴィルのタロット
〈月〉

Tarot de Jacques Viéville
1650　フランス
フランス国立図書館蔵（パリ）

糸を紡ぐ棒を持つ女性が木陰で「月」を見
上げているという、これもまたユニークな
構図。糸を紡ぐ女性は運命の女神であり、ま
た魔女の表象であるともされてきた。

ミンキアーテ版
〈月〉

Minchiate Tarot
1860-90頃　イタリア／フィレンツェ
フランス国立図書館蔵（パリ）

天文学者が「月」を観測している。彼
が手にしている大きなダイアルは時計
の文字盤のようであり、古くは月の満
ち欠けが時間の計測に用いられていた
ことを思い出させる。

マンテーニャのタロット
〈月〉

Mantegna Tarot
1530–61頃　イタリア　大英博物館蔵（ロンドン）

50枚で構成される、おそらくは教育用のカー
ド。天空を月の女神が馬車で駆けていく。「月」
が支配するのは、その力が絶え間なく潮の
満ち引きを起こしている大海原だ。

ミテッリ・タロッキ
〈月―アルテミス〉

Tarocchini Mitelli
1660–70頃　イタリア
フランス国立図書館蔵（パリ）

月の冠をつけたこの女性は月の女
神アルテミスであろう。愛する猟
犬とともに、武器を手にして森を
疾走するこの処女神は生まれ出た
若々しい三日月の光を体現する。

La Lune.

フランソワ・ド・ポワリーの
ミンキアーテ版
〈月〉
Minchiate by François de Poilly
1658-93　フランス
フランス国立図書館蔵（パリ）

月の女神アルテミスが三日月を背
に、そのアトリビュート（持物）で
ある弓矢を持って雲の上に座ってい
る。眼下にはどんな光景が広がっ
ているのだろうか。

名画に見る〈月〉

フォンテーヌブロー派
《狩人ディアナ》

1540-60頃　油彩／カンヴァス
191×132cm　ルーヴル美術館蔵（パリ）

アンリ2世の愛人であった女性をギリシャ神話のアルテミス（ローマ神話ではディアナ）に模した寓意的肖像画。狩猟の神らしく犬を従えて弓矢を持ち、頭上にはシンボルである三日月の髪飾りをつけている。純潔を司るこの女神は元来、気難しい性格ともいわれる。

18

フランシスコ・デ・スルバラン
《無原罪の御宿り》
1628-30頃　油彩／カンヴァス
128×89cm
プラド美術館蔵（マドリード）

生まれながら原罪を免れた存在として聖母
マリアを描いた主題。反宗教改革が巻き起
こった17世紀のスペインでとくに支持を
得た。純潔を象徴するとされる月は聖母
のシンボルでもあり、12の星を背景に三
日月を踏みしめる姿が定着した。

マルセイユ版タロットの世界

文・夢然堂

上空には主役の月。掲載図版ではブザンソン版だけが横顔でなく正面向きだが、こちらの方がより古いスタイルに属する。全種に共通する要素は、地上で月を見上げる2頭の獣、左右両端の建造物、そして（ヴィアッソーネ版を除いて）、水中のザリガニである。

「ケーリイ・シート」と呼ばれる遊戯カード断片〔第1巻・38〜39頁〕が、こうした構図の原型めいたものとして知られる。ただし、そこに獣の姿はない。ではその出所はというと、ミンキアーテ版が考えられる。同パックの四大元素「土」札を見ると、奥に2棟の建物が立つ水辺に、まさしく2頭の獣がいるのだ。ザリガニ＝「蟹座」（ザリガニで表されることがままあった）とすれば、ミンキアーテの「月」、「蟹座」、そして「土」の各札を上手く融合したような按配である。

月は蟹座の支配星であり、四大元素の「水」と「土」両方を属性に持つとされている（アグリッパ著『オカルト哲学』）。

さらに、ブザンソン版とヴィアッソーネ版では略されている、空中を浮遊する滴状のものについて。チェーザレ・リーパ著『イコノロジーア』は、往時の図像表現に甚大な影響力があったことで知られる。その「慈恵（Benignita）」の寓意図が、口を開けて待つ動物たちに恵みの乳が降り注がれるというもので、その様子がマルセイユ版のデザインとよく似ているのである。そのルーツは、煉獄の魂に注がれる聖母マリアの乳であろう。

占星術上、乳房を支配するのがまさしく先述の蟹座。加えて上記の聖母と通底する、乳をあふれさせる「天の女王」ユノー〔第9巻・44〜45頁〕は、月の女神でもあった。

ルヴァンのニコラ・コンヴェル版
〈月〉

Tarot of Marseilles by Nicolas Conver
1860年代頃　フランス／マルセイユ　夢然堂蔵

カモワンのニコラ・コンヴェル版
〈月〉

Tarot of Marseilles by Nicolas Conver
19世紀末　フランス／マルセイユ　夢然堂蔵

ルノーのブザンソン版〈月〉

The Besançon Tarot by Renault
19世紀前半　フランス／ブザンソン　夢然堂蔵

ミュラー版
〈月〉

Tarot of Marseilles by J. Muller
19世紀末頃　スイス／シャフハウゼン　夢然堂蔵

ヴィアッソーネのピエモンテ版
〈月〉

Piedmont Tarot by Alessandro Viassone
1900前後 (?)　イタリア／トリノ　夢然堂蔵

*各パックについては第1巻「愚者・奇術師」〔17～19頁〕で解説

グラン・エテイヤ
（タロット・エジプシャン）
〈植物〉
Grand Etteilla or Tarot Égyptien
1850〜90頃　フランス／パリ
フランス国立図書館蔵（パリ）

史上初めて「占い専用」のタロットとして制
作されたパック。塔の上に「月」が現れ、そ
の下には2匹の犬がいる。占いでは空虚なお
しゃべりやゴシップを意味するカードだという。

オズヴァルト・ヴィルト・タロット
〈月〉
Oswald Wirth Tarot
1889　フランス／パリ
フランス国立図書館蔵（パリ）

19世紀末のオカルト主義者ヴィルトによ
るタロット。巨大なザリガニは月の星座
宮である蟹座の印であり、過去の堆積物
を喰らい浄化するのだという。

ウェイト＝スミス版
〈月〉
Waite-Smith Tarot
1910　イギリス／ロンドン　夢然堂蔵

伝統的なマルセイユ版の「月」
と類似した構図だが、「月」か
ら放射される32条の光や降り
注ぐヘブライ文字「ヨド（ﾟ）」
など、ユダヤ教の秘儀カバラ
の象徴が見られる。

01.

カメーネ・タロット

Camena Tarot, created by Lou Benesch and Laetitia Barbier, 2024.

🌐 laetitiacartomancy.com
📷 un_loup / laetitia.cartomancy

伝統的な三相の月の女神を見事に現代的なタッチで描く。鏡に映る左右対称の女神の顔は、「月」の満ち欠けを表す。長い舌を出した犬と狼の表情も実に印象的だ。

02.

ドリフティング・ムーン・タロット

The Drifting Moon Tarot by Lee White

🌐 leewhiteillustration.com
📷 leewhiteillo

「漂流する月」の題を掲げたタロット。童話的な世界観が実に楽しい。少女が「月」を舟にして川を下っていく様子が描かれる。岸のウサギも月と関連深い豊饒のシンボルである。

XVIII

THE MOON

ILLUSION · INTUITION · UNCONSCIOUS

03.

エクスペリエンシャル・タロット

The Experiential Tarot by Julie Comfort,
created in Berlin, Germany, 2020.

🌐 comfortstudio.com
⊙ juliecomfort

文字通り「実験的」なタロット。関連
するモチーフをシンプルにコラージュ
する。ここでは大きな月、月が支配す
る水界という最小限の要素のみでイ
メージを大きく広げている。

04.

蒼井翔太
Mystic Azure Tarot〈月〉

イラスト：鈴木康士

🌐 shouta-aoi.jp / elegantsuzuki.art
⊙ aoishoutastaff / elegantsuzuki

タロットを愛する声優・俳優の蒼井
翔太氏が思い描くイメージに基づい
て制作されたタロット。「月」を手
にするのは長い耳をもち、異世界
へ人を誘うエルフのようだ。

18
XVIII 月
THE MOON

近現代絵画に見る
月

—— 朧げに輝く夜空の月。
その光は幻影にすぎない

文・千田歌秋

ホアン・ミロ
《月に吠える犬》
1926　油彩／カンヴァス　73×92.1cm　フィラデルフィア美術館蔵

オーガスタス・レオポルド・エッグ
《過去と現在 第3部》
1858　油彩／カンヴァス　63.5×76.2cm　テート蔵（ロンドン）

　月は太陽の光を受けて輝くが、それ自体が光を放つことはない。その光はいわば反映や幻影であり、現実および真実の光は別のところに存在するのだ。

　ミロのこの作品は、カタルーニャの民話に基づいている。自由に空を飛べる鳥を妬んで、すげない反応の月に向かって吠えているばかりの犬は、天空に架けられた梯子（はしご）が真実へと通じていることに、いつか気づくのだろうか。

　妻の不貞が原因で離婚した家族の悲劇を、3部作で表現したエッグ。本作には、生気のない幼児を抱き、虚ろな目で空を見上げて現実逃避する母親が描かれる。満ちゆく月に思いを馳せても、目の前の命が育つことはないのに。

月からの
メッセージ

✦ 思わぬ変化や不安定な状況を暗示 ✦

伝統的にタロットの「月」には
「不安、敵、裏切り」などといった
否定的な意味が与えられてきた。
「月」は夜の世界の女王であり、意識の光が翳る夜には
暗い妄想が膨み、見えない世界でのみ
活動できる輩が跋扈するのである。
欠けては満ちる「月」は変化の象徴でもあり、
不安定な状況を示すことも多い。
しかし同時に、日常の意識では味わうことのできない
ロマンやファンタジーを表す。
現実的、現世的な成功を求める場合には
ふさわしくないかもしれないが、
想像力を拡げることが必要な芸術関係、
インスピレーションが求められる占いや
スピリチュアルなことには良い暗示のカードだと言える。

Love / 恋愛

心に不安と疑いという名の暗雲が立ち込めてきている。
愛の行方、そしてあの人の瞳の奥が見えなくなって、
迷いが胸の中で渦巻くようになる。
相手の実像を見誤っていることも。
一方で、秘密の恋や簡単には表に出せない関係を暗示する。

Work / 仕事

はっきりしない状況。不安定さが状況を支配しており、
今、決定を下すことがあったとしても、
後に変更を迫られることもあるだろう。
現実を把握しきれていない可能性もある。
気まぐれや衝動的な判断、
感情に突き動かされての行動はリスクを伴う。

Relationship / 対人関係

相手に対する疑念や懐疑が膨らんでくる。
育んできた信頼を揺るがすような出来事。
あるいはころころと変わる相手の言動に振り回されることも。
一方で、ロマンティックなムードの関係を暗示。
アートや音楽などに関わる人間関係には吉の兆し。

カスパー・ダーヴィト・フリードリヒ《夕日の前に立つ女性》(部分)
1818 頃　フォルクヴァンク美術館蔵 (エッセン)

ウェイト゠スミス版〈太陽〉
Waite-Smith Tarot
1910 イギリス／ロンドン 夢然堂蔵

19 太陽

The Sun

　　横向きで眼を閉じた「月」とは対照的に、両眼
　　を見開き、正面を見据える「太陽」。燦然と
輝く太陽は古来、生命の源であり、西洋では理性の
もたらし手とされてきた。その偉大さを示すように、
タロットでも泰然とした姿を見せている。

33

太陽 / *The Sun*

その輝かしい光の下で
知性と真実がもたらされる

　この巻では「月」と「太陽」をペアとして扱うが、タロット切札のシリーズでは、「星」がこの2枚に先んじていることを思い出そう。星、月、太陽、と光がとんとん強くなり、上位の札になるにつれてそのまばゆさが増していくのである。タロットの天体シリーズとして「太陽」は最終段階にある。

　古来、太陽は生命力の象徴であった。科学的に考えても地上の生態系を循環させるエネルギーの大半は、太陽にその源を求めることができる。海の中から薄い膜だけで自他を区別した単細胞生物は、秩序ある複雑な生体組織を深化させ、ついには人類の高度の「意識」と「知性」を生み出した。生命を生み出した太陽のエネルギーの、現時点での最終的な産物が知性なのである。知性や意識が「無明」の「蒙昧」を照らし、明白にしていく光であるとイメージされるのも、そう考えれば当然なのかもしれない。

　本書において見られるようにタロットの「太陽」の札の構図は実にさまざまだ。しかし、いずれもまばゆい太陽の光が描かれていることに変わりはない。それは生命と意識、理性のもたらし手だ。

　太陽神アポロンが名誉の与え手であるのと同時に呪いを解く神でもあるのは意味深長だ。人を無意識的に縛るさまざまな足かせの正体を光の下にさらし、呪縛のからくりを見抜くことを可能にさせる。

　太陽の光の下では、虚構は暴かれ、本当に重要なことが浮かび上がってくる。

　コペルニクスが太陽系の中心だと看破する以前から、太陽は神の眼の代理であるともされてきた。

　太陽は「真実」を浮かび上がらせる。そして「真実」を見抜く自分自身の眼を鍛えさせる。

　もっと光を、もっと太陽を。人はこの先も「太陽」に誘われ、それに向かって手を伸ばすのだろう。

ヴィスコンティ・スフォルザ版
〈太陽〉

Visconti-Sforza Tarot
1480–1500頃　イタリア／ミラノ
モルガン・ライブラリー・
アンド・ミュージアム蔵（ニューヨーク）

現存する最古のタロットのひとつ。
ほとんど裸の童子（プットー）が
黒い雲に乗り、顔のついた真っ赤
な「太陽」を掲げている。その下
には崖と山々が広がっている。

名画に見る〈太陽〉

ランブール兄弟
『ベリー公のいとも豪華なる時祷書』より
《5月》
1412–16　写本挿絵
コンデ美術館蔵（シャンティイ）

中世のキリスト教徒が祈祷のために用いた時祷書の中でも本作は最高傑作として名高い。巻頭を飾る12枚の月暦挿絵の上部では2頭立ての天馬に引かれた太陽が描かれる。本図ではその上に、5月に関連する牡牛座と双子座が示されている。

エステ家のタロット
〈太陽〉

Este Tarot
1450頃　イタリア
イェール大学図書館蔵（ニューヘイブン）

樽の中の老人は哲学者ディオゲネスであろう。アレクサンドロス大王が「所望することはないか」と尋ねると、「ただそこをどいて影を作るな」と答えた逸話は有名だ。

ローゼンワルド・シート
〈太陽〉

Rosenwald Playing Cards
15世紀　イタリア
ナショナル・ギャラリー蔵（ワシントン）

初期のタロットのシートより「太陽」札。シンプルに顔のついた太陽のみが描かれているデザイン。その表情はユーモラスだ。上下には天空を表象する雲が描かれている。

作者不明のパリジャンのタロット
〈太陽〉

Tarot Anonyme de Paris
1600–50頃　フランス／パリ
フランス国立図書館蔵（パリ）

最古のフランスのタロットのひ
とつ。長い髪の女性が、猿に
持たせた鏡を覗き込み、その
上に「太陽」が輝くという珍
しい構図。背景の柱は小アル
カナの「棒」のようにも見える。

タロッキ・フィーネ・ダッラ・トッレ
〈太陽〉

Tarocchi Fine dalla Torre
17世紀　イタリア／ボローニャ
フランス国立図書館蔵（パリ）

優雅な女性が糸巻き棒を手にして
「太陽」の下に座っている様子が描
かれる。運命を紡ぐ女神の表象の
ようだが、太陽の下で生み出され
る運命は明るいにちがいない。

シャルル6世のタロット
〈太陽〉

Charles VI Tarot
1475–1500頃　イタリア
フランス国立図書館蔵（パリ）

誤ってシャルル6世の時代に制作された
と考えられたため、この名前がつけられ
ているが、実際には15世紀の作。「太陽」
の下の運命の女神クロートーを描いてい
るようだ。

Tarocchini Mitelli
1660-70頃　イタリア
フランス国立図書館蔵（パリ）

太陽のような光輪を戴くこの男性はアポ
ロンであろう。手にした竪琴は、この美
しい青年が太陽神であると同時に音楽の
神でもあることを示している。

マンテーニャのタロット
〈太陽〉

Mantegna Tarot
1530-61頃　イタリア
大英博物館蔵（ロンドン）

太陽神ヘリオスが馬車に乗って天空を駆
ける。落下している子どもはその息子パ
エトンであろう。未熟なうちに父神の馬
車を駆ろうとして落下した神話を描く。

Le Soleil

**フランソワ・ド・ポワリーの
ミンキアーテ版〈太陽〉**

Minchiate by François de Poilly
1658–93　フランス
フランス国立図書館蔵（パリ）

41枚の切札を持つユニークなタロッ
トパックより、「太陽」札。4頭立
ての馬車を駆る太陽神、そして画
面下には太陽系宇宙が描かれる。

名画に見る〈太陽〉

ミケランジェロ・ブオナローティ
《太陽と月と植物の創造》
1511　フレスコ壁画
システィーナ礼拝堂蔵（ヴァチカン）

　聖書の『創世記』によれば、神は第三
の日に草と果樹を創造し、第四の日に
は大きな光（太陽）に昼を治めさせ、小
さな光（月）に夜を治めさせるとし、さ
らに星を造った。中央には万物にとっ
て生命の源である橙色の太陽が象徴的
に描かれ、その光によって輝く青白い
月は隅に浮かんでいる。太陽の下の2
人の童子の溌剌さと、月の下で衣に隠
れる童子たちの描写も対照的だ。

ルネサンス期にフィレンツェで誕生した97枚
1組のミンキアーテ版タロットのさまざまな
バリエーション。いずれも「太陽」の下で愛
を語り合う男女の姿を描いている。若々しい
愛の歓びが率直に表現されている。

コロンバのミンキアーテ版
〈太陽〉

Minchiate Tarot alla Colomba
1760　イタリア
フランス国立図書館蔵（パリ）

ジョヴァン・モリネッリによる
ミンキアーテ版
〈太陽〉

Minchiate Tarot by Giovan Molinelli
1712–16　イタリア／フィレンツェ
フランス国立図書館蔵（パリ）

ミンキアーテ版
〈太陽〉

Minchiate Tarot
1860-90頃　イタリア／フィレンツェ
フランス国立図書館蔵（パリ）

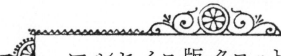

マルセイユ版タロットの世界

文・夢然堂

輝く太陽の下、壁面（ヴィアッソーネ版では省略）を背に2人の子どもたちが立っている。ともに男子のようだが、ブザンソン版に関しては男女のペアのようにも見える。彼らは何者なのだろうか。まず考えられるのが「月」札と同様、ミンキアーテ版に由来する可能性である。ミンキアーテの「太陽」には恋人同士らしき男女が描かれており〔44～45頁〕、他種の古いパックでもアダムとエヴァよろしく、男女の組合せの例が複数ある。ブザンソン版は、その名残を留めているものらしい。

同時にミンキアーテには、黄道十二星座の札も含まれている。そこでマルセイユ版に目を移すと、「星」には水瓶座（瓶を持つ人物）、「月」には蟹座（ザリガニ）。「太陽」では、双子座を融合させたのかもしれない。

2人の姿は、宗教絵画の題材としてポピュラーな、幼子イエス・キリストと従兄の洗礼者ヨハネも彷彿させる。両者はその誕生日から、キリスト教世界の基礎文献である『黄金伝説』において、それぞれ冬至と夏至の「太陽」に喩えられている。幼子イエスは魔除けの赤い珊瑚の首飾りを着けて描かれることがあるが（ピエロ・デッラ・フランチェスカ、ルーベンス他）、ルヴァンのコンヴェル版のように2人の首の周りが赤く彩色されたパックは少なくない。

ところで、この札にも「月」と同じく、空中に浮遊物が描かれている。聖母マリアの乳との対照性から連想するなら、「正義の太陽」キリストの贖（あがな）いの血であろうか（色遣い等は措くとして）。思えば洗礼者ヨハネもまた、血のイメージとは切り離せない存在である。赤い首飾りが、斬首されて死んだヨハネの暗示にも見えてくる。

ルヴァンのニコラ・コンヴェル版
〈太陽〉

Tarot of Marseilles by Nicolas Conver
1860年代頃　フランス／マルセイユ　夢然堂蔵

カモワンのニコラ・コンヴェル版
〈太陽〉

Tarot of Marseilles by Nicolas Conver
19世紀末　フランス／マルセイユ　夢然堂蔵

ルノーのブザンソン版〈太陽〉

The Besançon Tarot by Renault
19世紀前半　フランス／ブザンソン　夢然堂蔵

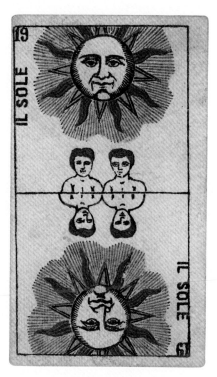

ミュラー版
〈太陽〉

Tarot of Marseilles by J. Muller
19世紀末頃　スイス／シャフハウゼン　夢然堂蔵

ヴィアッソーネのピエモンテ版
〈太陽〉

Piedmont Tarot by Alessandro Viassone
1900前後 (?)　イタリア／トリノ　夢然堂蔵

＊各パックについては第1巻「愚者・奇術師」〔17～19頁〕で解説

グラン・エテイヤ
（タロット・エジプシャン）
〈光〉

Grand Etteilla or Tarot Égyptien
1850–75頃　フランス／パリ
フランス国立図書館蔵（パリ）

18世紀末に占い師エテイヤが制作した占術専用カード。通常のタロットと異なり、神が光を造った「創造の2日目」を表現するべく2番に当てられている。

ジャック・ヴィエヴィルのタロット
〈太陽〉

Tarot de Jacques Viéville
1650　フランス
フランス国立図書館蔵（パリ）

いかめしい顔をした「太陽」の下を白馬
に乗った子どもが旗を掲げながら走る。こ
の構図は、後のウェイト＝スミス版〔53
頁〕とも類似するものである。

オズヴァルト・ヴィルト・タロット
〈太陽〉

Oswald Wirth Tarot
1889　フランス／パリ
フランス国立図書館蔵（パリ）

19世紀末のオカルト主義者オズヴァルト・
ヴィルトによるタロット。「太陽」の下の2
人の子どもはその光が最も美しく輝く双子
座の季節に対応しているという。

ウィリアム・ブレイク
《東の門の前の太陽》

1816-20頃　水彩・黒チョーク
モルガン・ライブラリー・
アンド・ミュージアム蔵（ニューヨーク）

17世紀イギリスの詩人ジョン・ミルトン
の初期の叙事詩『快活の人』に添えられ
た挿絵。燃える太陽を背負う神的存在と
ラッパを吹き鳴らす精霊が現れ、世界に
夜明けを告げる。大地には光が注がれ、朝
を迎えた人々が労働に勤しんでいる。

ウェイト＝スミス版
〈太陽〉
Waite-Smith Tarot
1910　イギリス／ロンドン　夢然堂蔵

20世紀の神秘主義者ウェイト
によるタロット。「太陽」の下
で白馬に乗る裸の子どもが描
かれる。彼は「叡智という意
味における純粋さと無垢」の
象徴だという。

01.

タロット・バイ・ザ・ネオン・ライト

Tarot by the Neon Light, art by Chain Assembly

🌐 chainassembly.com
📷 chainassembly

ネオンサインに着想を得たユニークな作品。タロット1枚1枚が暗闇に浮かぶネオンサインとして描かれている。人工的な光が不思議とタロットに似合う。

02.

ロト・コラード・タロット

Roto Colado Tarot Deck by Roto Colado
(aka Fabiano Pinheiro) ©2018

🌐 behance.net/rotocolado
📷 roto.colado

ブラジルのアーティスト、ロト・コラードが描くタロット。首と胴体が離れた人形のような少年、そして馬が目を引く。「太陽」は占星術の12星座に取り囲まれている。

XIX

Le Soleil

03.

ロス・クアトロ・
エルマノス・タロット

Tarot Deck Los Cuatro Hermanos
by Gonzalo Martínez Moreno

🌐 gonzalommoreno.bigcartel.com
📷 gonzalo.m.moreno

透明感のあるパステルカラーで
描かれたキュートなタロット。「太
陽」の下では2人の裸の男性が
大きな花を武器にして模擬戦に
興じているようだ。

04.

ワイルダーウォーヴン・タロット

The WilderWoven Tarot by Greg White

🌐 gregorywhite.ca
📷 gregorykwhite

動物のシルエットの中にさまざまな
シーンを映し出すというユニークな
タロット。「太陽」は大空を翔る鷲の
中に、陽光に照らされたひまわり畑
が描かれる。

XIX - The Sun

フィリップ・オットー・ルンゲ
《朝》
1808　油彩／カンヴァス
109×85.5cm
ハンブルク美術館蔵

近現代絵画に見る
太陽
　　　　——世界に生命と秩序をもたらす
　　　　　強力なエネルギー

文・千田歌秋

太陽の札は月の後に配される。混沌たる夜の闇を、秩序をもたらす朝の光が切り裂き、世界が生まれるのである。

　ルンゲは、一日の始まりである朝を天地創造になぞらえた。母なる海から清浄な花が咲き、父なる空に慈愛の光が満ち、大地には新しい生命の実がなるだろう。人もみな、日々新たに誕生するのだ。画家は、太陽そのものを描かずに太陽が象徴するものを表現した。

　カーロが描く太陽は力強く燃える父性であり、そのエネルギーを受けた植物は命を宿す母胎のようである。事故の後遺症により子どもに恵まれなかった彼女の、多産への憧憬と喪失の悲嘆が滲み出し、涙となって滴り落ちている。

フリーダ・カーロ
《太陽と生命》
1947　油彩／板　40×50cm　個人蔵

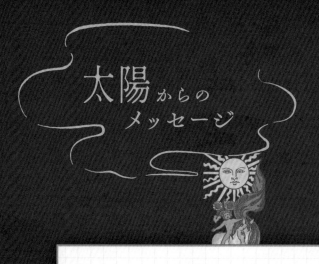

太陽からの
メッセージ

★ 闇を抜け、明るい展望が見えてくる ★

燦々と輝く太陽は、若々しい生命力、成功、
名誉などを表すシンボルとして世界中で用いられている。
タロットの「太陽」もその伝統を引き継ぎ、
占いの場では明るい展望が広がっていくことを暗示する。
曇っていた心もこの太陽の光で照らされ明るさを取り戻す。
心身ともに健やかに、まっすぐ成長することができるだろう。
また太陽の光はすべてを照らし出し、明らかにする。
曖昧にしていたことをはっきりさせ、
明確な結論を出すことができるようになるだろう。
その光は明晰な意識性を表し、くよくよと悩んでいたこと、
過去へのこだわりなどをすっきりと
解消していくことができるはずだ。

Love ／恋愛

太陽の下で祝福される恋というイメージが浮かぶ。
まっすぐな気持ちを互いにぶつけ合い、
その愛の成就があなた自身と、周囲の人々を幸福にしていく。
隠しごとのない、オープンな恋の関係。
悦びに満ちた愛の帰結。
秘めていた心を露わにして相手に伝えることができる。

Work ／仕事

これまでの努力が認められて
スポットライトが当たることになりそう。
表彰されたり、引き立てに預かることがあるかもしれない。
やってきたことが「日の目を見る」ことになるだろう。
成功、名誉、昇進などがキーワードに。
正攻法でアプローチするのが正解。

Relationship ／対人関係

互いの胸のうちを明らかにして
誠実に交流することができる関係。
互いに励まし、力を与え合うことになりそう。
相手の長所を引き出すことができる。
ただ、見栄を張り合うようになるとこのカードの吉意は
大きく減じてしまう。等身大でいることが鍵。

ケルトの暦

——闇から誕生する月と太陽

鶴岡真弓

人間と天体の関係は、深い自然観察を礎とする「暦」に記憶されてきた。ヨーロッパの基層文明を築いた古代ケルトの人々は、ローマ人が用いた太陽暦ではなく、「月」の変容を見つめる太陰暦のもとに生きた。「夜／闇」から一日が始まる／生まれると考えたのである。

「月」は農耕牧畜のための大自然の「生命時間」を刻む、かけがえのない導き手だ。ローマ人のように「満月」か「新月」かの二極ではなく、その「中間の相」を見つめ、闇と光の—「変容の過程」にある月の姿にこそ、生命循環の秘密があると信じられた。

「太陽」の復活もまた「闇」からの誕生であった。たとえば現代人の多くは、シェイクスピアの戯曲『真夏の夜の夢』は6月下旬の「夏至」の事だと思いこんでいる。が、それは「五月祭」即ちケルト暦の「ベルティネ／5月

1日」の前夜の森の物語である。

「ベルティネ」とは「明るい火」の意。10月31日の万霊節（サウィン）からの「闇の半年」の最後の夜が明けると、太陽が復活。今でもヨーロッパではこの日が「ミッドサマー」の始まりである。

シェイクスピアはこのケルトの暦を熟知していた。ベルティネ前夜の森で、妖精たちの生命がエロスとカオスを巻き起こす「真夏の到来」を、演劇で寿いだのである。

ケルトの暦は、真冬10月31日の「万霊節（ハロウィンの起源）」から始まり、厳しい「闇の半年」後のベルティネに、大自然が「光の半年」へと反転する。だからその前夜の4月30日の夜はドイツ語圏では「ワルプルギスの夜」と呼ばれ、朝日が昇るまで「魔女」たちが最後の闇の中を飛び回る。

その闇から光への大転回を、20世紀の画期的なアニメ芸術で表現したの

が、他でもないアイルランド系の血筋をもつウォルト・ディズニーだった。

つまりベルティネは、単に「太陽」が戻って来る祝日ではないことがわかる。世界を遍く照らす最高照度の真夏の「太陽」は、「闇から生まれて来る」という伝統の自然哲学に支えられてきた、感謝と歓喜の祭日なのである。

ケルトの人々は2800年前、ヨーロッパの鉄器文明を築いた。錬金術が探求した「金属（メタル）という生命」もまた、最初から光を発する存在ではなく、地下世界に眠る闇のマテリアルであった。しかしそこに「火」を作用させると光輝にして高貴なる利器へ変容する。かつこの現象は「闇から光へ」一回性の成就ではありえなかった。

その証拠にアーサー王の「エクスカリバー」は、この地上で一定の時間に「生かされた」後、再び大自然の「湖の乙女」の異界／実は溶鉱炉へ返還されて次なる「再生の時」を待つのである。

そう、この名剣もまた、「月」夜の陰影の底を潜（くぐ）ることによって、ベルティネの太陽のように再誕生できるのだ。

錬金術やタロットの思想は、世界の「反転」を「暦」に見つめ、そこから統合される奇跡を信じ、冶金術を極めたケルトの金属民の観念と響き合っていないだろうか。

その「再生」のダイナミズムは、古代から中世の1300年間にわたりケルト美術の「渦巻文様」にも表現された。闇から生まれた「月」と「太陽」は、永劫の螺旋である、輝く「生命循環」の実体にして徴（しるし）なのである。

（つるおか・まゆみ　多摩美術大学名誉教授／ケルト文化・ユーロ＝アジア生命デザイン研究家）

切札一覧（大アルカナ）

＊図版はすべて、ウェイト＝スミス版（1910、イギリス／ロンドン、夢然堂蔵）。

＊掲載順は伝統的なマルセイユ版に基づき、第8番を「正義」（第5巻）、第11番を「力」（第6巻）とした。

＊数札・人物札（小アルカナ）は第12巻に掲載。

0 愚者
The Fool〔第1巻〕

1 奇術師
The Magician〔第1巻〕

6 恋人
The Lovers〔第4巻〕

7 戦車
The Chariot〔第4巻〕

8 正義
Justice〔第5巻〕

9 隠者
The Hermit〔第5巻〕

14 節制
Temperance〔第8巻〕

15 悪魔
The Devil〔第8巻〕

16 塔
The Tower〔第9巻〕

17 星
The Star〔第9巻〕

② 女教皇
The High Priestess〔第2巻〕

③ 女帝
The Empress〔第2巻〕

④ 皇帝
The Emperor〔第3巻〕

⑤ 教皇
The Hierophant〔第3巻〕

⑩ 運命の輪
Wheel of Fortune〔第6巻〕

⑪ 力
Strength〔第6巻〕

⑫ 吊られた男
The Hanged Man〔第7巻〕

⑬ 死神
Death〔第7巻〕

⑱ 月
The Moon〔第10巻〕

⑲ 太陽
The Sun〔第10巻〕

⑳ 審判
Judgement〔第11巻〕

㉑ 世界
The World〔第11巻〕

63

鏡 リュウジ（かがみ・りゅうじ）

占星術研究家、翻訳家。1968年、京都府生まれ。国際基督教大学卒業、同大学院修士課程修了（比較文化）。英国占星術協会会員、日本トランスパーソナル学会理事、東京アストロロジー・スクール主幹。平安女学院大学客員教授、京都文教大学客員教授。著書に『鏡リュウジの実践タロット・リーディング』『タロットバイブル 78枚の真の意味』（以上、朝日新聞出版）、『タロットの秘密』（講談社）、『はじめてのタロット』（ホーム社）、訳書に『ユングと占星術』（青土社）、『神託のタロット ギリシアの神々が深層心理を映し出す』『ミンキアーテ・タロット』（以上、原書房）など多数。『ユリイカ タロットの世界』（青土社）責任編集も務める。

夢然堂（むぜんとう）

古典タロット愛好家。『ユリイカ タロットの世界』（青土社）では、「『マルセイユのタロット』史　概説」と「日本におけるタロットの受容史」を担当。その他、国内外の協力作品や企画多々。第4回国際タロット賞選考委員。福岡県在住。

千田歌秋（せんだ・かあき）

東京麻布十番の占いカフェ＆バー燦伍（さんご）のオーナー占い師およびバーテンダー。著書に『はじめてでも、いちばん深く占える タロット READING BOOK』（学研プラス）、『ビブリオマンシー 読むタロット占い』（日本文芸社）がある。

写真協力：夢然堂／鏡リュウジ／アフロ（akg-images, Bridgeman Images）／© Successió Miró / ADAGP, Paris & JASPAR, Tokyo, 2024 G3532〔28頁〕

アルケミスト双書　タロットの美術史〈10〉

月・太陽

2024年7月30日　第1版第1刷発行

著者	鏡 リュウジ
発行者	矢部敬一
発行所	株式会社 創元社　https://www.sogensha.co.jp/
本社	〒541-0047 大阪市中央区淡路町4-3-6 Tel.06-6231-9010　Fax.06-6233-3111
東京支店	〒101-0051 東京都千代田区神田神保町1-2 田辺ビル Tel.03-6811-0662（代）
印刷所	TOPPANクロレ株式会社
装幀・組版	米倉英弘・鈴木沙季・橋本葵（細山田デザイン事務所）
編集協力	関 弥生

©2024 Ryuji Kagami, Printed in Japan　ISBN 978-4-422-70170-7 C0371